Impressum
Verlag: BABADADA GmbH, Nedderfeld 112 , 22529 Hamburg
Geschäftsführer / Verlagsleitung: Harald Hof
Druck: Books on Demand GmbH, In de Tarpen 42, 22848 Norderstedt

Imprint
Publisher: BABADADA GmbH, Nedderfeld 112 , 22529 Hamburg, Germany
Managing Director / Publishing direction: Harald Hof
Print: Books on Demand GmbH, In de Tarpen 42, 22848 Norderstedt, Germany

класна стая
Klassenstuuv

деление
delen

186/2

черна дъска
Tafel

училищен двор
Schoolhoff

учител
Schoolmeester

хартия
Papeer

пиша
schrieven

химикал
Sticken

бюро
Schrievdisch

линеал
Lienholt

книга
Book

ученик
Schöler

ученическа раница

Ranzel

ученически несесер

Feddermapp

молив

Bleesticken

острилка за моливи

Scharpmaker

гума

Radeergummi

блок за рисуване

Tekenblock

рисунка

Teken

четка

Pinsel

акварелни бои

Malkassen

ножица

Scheer

лепило

Klever

тетрадка за упражнения

Heft to'n Öven

домашна работа

Huusopgaav

число

Tall

събиране

tohooptellen

изваждане

aftrecken

умножение

malnehmen

смятане

reken

буква

Bookstaav

азбука

ABC

дума

Woort

текст

Text

чета

lesen

тебешир

Kried

час

Stunn

дневник на класа

Klassenbook

изпит

Pröven

свидетелство

Tüügnis

ученическа униформа

Schooluniform

образование

Utbillen

справочник

Nakieksel

университет

Universität

микроскоп

Mikroskop

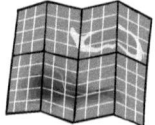

карта

Koort

кошче за хартиени
отпадъци

Papeerkorf

пътуване
Törn

хотел
Hotel
Grand
хостел
Harbarg
ROOMS
EXCHANGE
обменно бюро
Wesselstuuv
куфар
Kuffer
кола
Auto

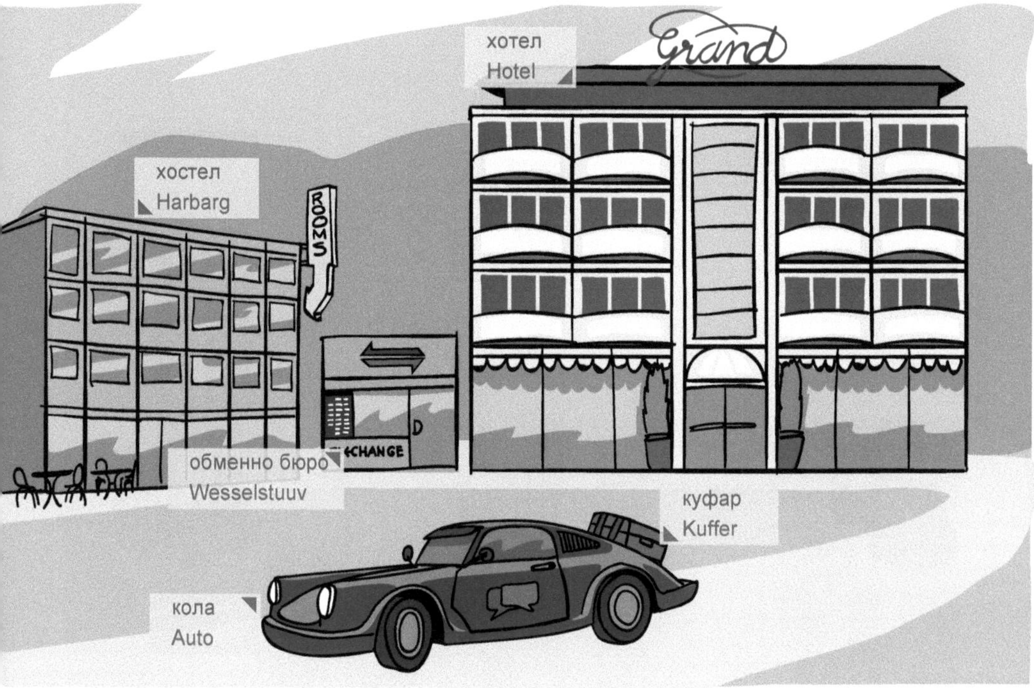

език
Spraak

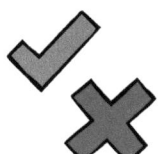

да / не
jo / ne

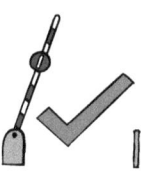

Окей
Jo

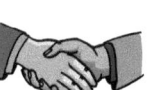

здравей
Moin

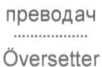

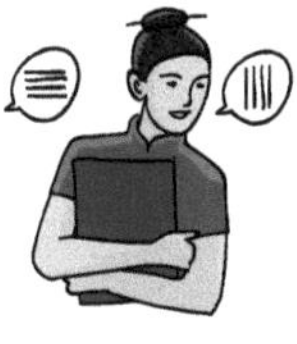

преводач
Översetter

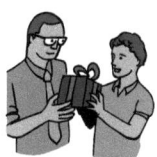

Благодаря
Dank ok

Колко струва…?

Wat kost…?

Не разбирам

Ik verstah nich

проблем

Problem

Добър вечер!

Goden Avend

Добро утро!

Moin!

Лека нощ!

Gode Nacht!

довиждане

Tschüüs

посока

Richt

багаж

Bagaasch

пътна чанта

Tasch

раница

Rüchsack

посетител

Gast

стая

Stuuv

спален чувал

Slaapsack

палатка

Telt

туристическа информация

Touristeninformatschoon

плаж

Strand

кредитна карта

Kreditkoort

закуска

Fröhstück

обед

Meddageten

вечеря

Avendeten

билет

Fohrkort

асансьор

Fohrstohl

пощенска марка

Breefmark

граница

Grenz

митница

Toll

посолство

Bottschop

виза

Visum

паспорт

Pass

транспорт
Transport

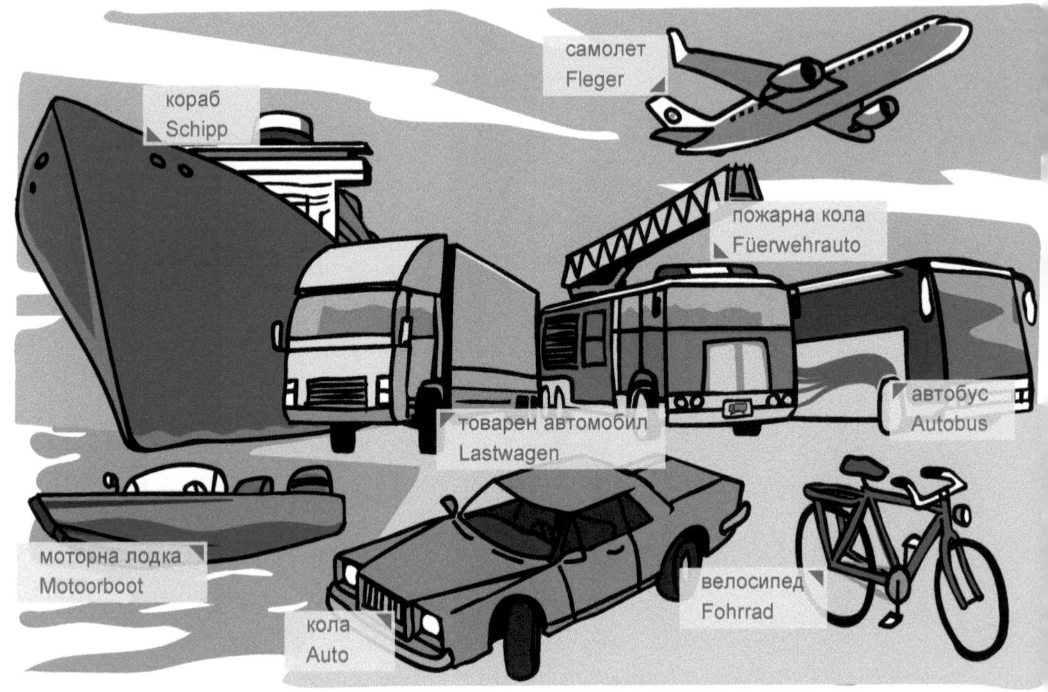

самолет
Fleger
кораб
Schipp
пожарна кола
Füerwehrauto
автобус
Autobus
товарен автомобил
Lastwagen
моторна лодка
Motoorboot
велосипед
Fohrrad
кола
Auto

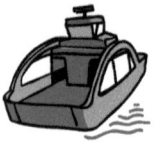

ферибот

Fähr

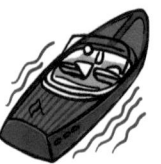

лодка

Boot

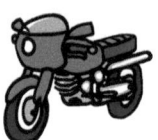

мотоциклет

Motoorrad

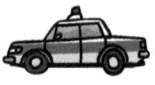

полицейска кола

Polizeiauto

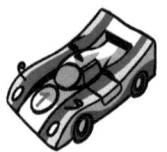

състезателна кола

Rönnauto

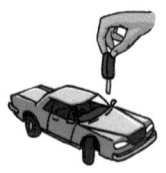

кола под наем

Lehnwagen

каршеринг

Carsharing

автомобил от "Пътна помощ"

Afsleepwagen

сметовоз

Müllauto

двигател

Motoor

бензин

Kraftstoff

бензиностанция

Tanksteed

пътен знак

Verkehrsschild

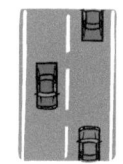

улично движение

Verkehr

задръстване

Stau

паркинг

Afstellplatz

гара

Bahnhoff

релси

Sporen

влак

Tog

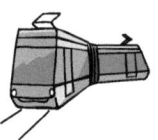

трамвай

Stratenbahn

вагон

Wagon

хеликоптер

Dwarsmöhl

аерогара

Flooghaven

кула

Tower

пасажер

Fohrgast

контейнер

Grootkist

кашон

Karton

ръчна количка

Koor

кошница

Korf

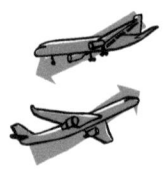

излитам / приземявам се

starten / lannen

град

Stadt

село

Dörp

градски център

Binnenstadt

къща

Huus

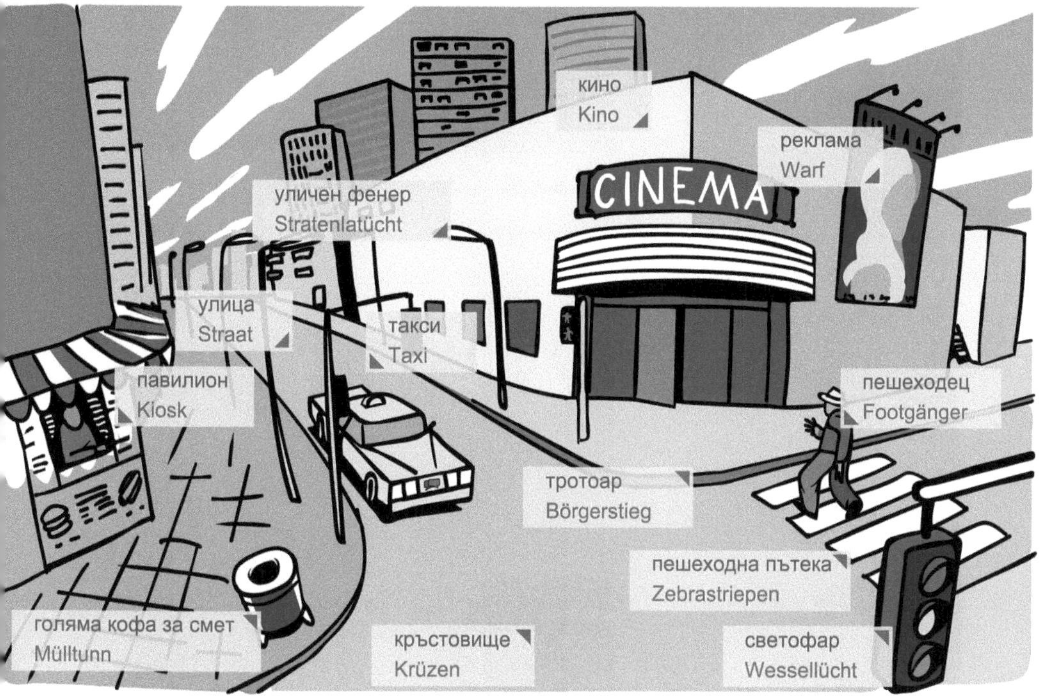

кино
Kino

реклама
Warf

уличен фенер
Stratenlatücht

CINEMA

улица
Straat

такси
Taxi

павилион
Klosk

пешеходец
Footgänger

тротоар
Börgerstieg

пешеходна пътека
Zebrastriepen

голяма кофа за смет
Mülltunn

кръстовище
Krüzen

светофар
Wessellücht

хижа
....
Hütt

жилище
....
Wahnung

гара
....
Bahnhoff

кметство
....
Raathuus

музей
....
Museum

училище
....
School

университет

Universität

банка

Bank

болница

Krankenhuus

хотел

Hotel

аптека

Afteek

офис

Büro

книжарница

Bookhökerie

магазин за цветя

Hökerie

магазин за цветя

Blomenhökerie

супермаркет

Supermarkt

пазар

Markt

универсален магазин

Koophuus

търговец на риба

Fischhökerie

търговски център

Inkoopszentrum

пристанище

Haven

парк

Parkanlaag

пейка

Bank

мост

Brüch

стълба

Trepp

метро

Ünnergrundbahn

тунел

Tunnel

автобусна спирка

Busstoppsteed

бар

Bar

ресторант

Spieslokal

пощенска кутия

Breefkassen

улична табелка

Stratenschild

часовник за паркинг
престой

Parkklock

зоологическа градина

Deertenpark

плувен басейн

Baadanstalt

джамия

Moschee

селски двор
Buernhoff

замърсяване на околната
среда
Ümweltversmudden

гробище
Karkhoff

църква
Kark

детска площадка
Speelplatz

храм
Tempel

пейзаж
Landschop

листо
Blatt

пътепоказател
Wiespahl

път
Weg

ливада
Wisch

камък
Steen

дърво
Boom

пътешественик
Wannerer

река
Fluss

трева
Gras

цвете
Bloom

долина

Daal

планина

Barg

море

See

гора

Holt

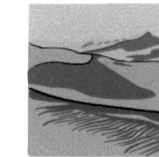

пустиня

Wööst

вулкан

Füerspien Barg

замък

Slott

дъга

Regenbagen

гъба

Poggenstohl

палма

Palm

комар

Steekmück

муха

Fleeg

мравка

Miegeemk

пчела

Imm

паяк

Spinn

пейзаж - Landschop

бръмбар

Sebber

жаба

Pogg

катеричка

Katteker

таралеж

Swienegel

заек

Haas

кукумявка

Uul

птица

Vagel

лебед

Swaan

диво прасе

Wildswien

елен

Hirsch

лос

Elk

бент

Staudamm

вятърна турбина

Windrad

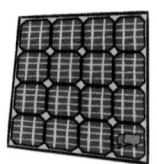

соларен модул

Solarmodul

климат

Klima

келнер
Kellner

меню
Spieskoort

стол
Stohl

супа
Supp

пица
Pizza

прибори за хранене
Bestick

покривка за маса
Dischdeek

предястие
Vörspies

основно ястие
Haupteten

десерт
Nadisch

напитки
Drünk

ядене
Eten

бутилка
Buddel

бързо хранене

Fastfood

улична храна

Strateneten

кана за чай

Teekann

кутия за захар

Zuckerdoos

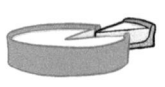

порция

Portschoon

еспресо машина

Espressomaschien

висок детски стол

Hoochstohl

сметка

Reken

табла

Tablett

ножица за нокти

Mess

вилица

Gavel

лъжица

Lepel

чаена лъжичка

Teelepel

салфетка

Munddook

стъклена чаша

Glas

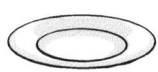

чиния

Töller

чиния за супа

Suppentöller

чинийка

Ünnertass

сос

Sooß

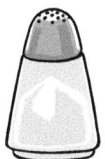

солница

Soltstreuer

мелничка за черен пипер

Pepermöhl

оцет

Etig

олио

Ööl

подправки

Krüder

кетчуп

Ketchup

горчица

Mostrich

майонеза

Mayonnaise

супермаркет
Supermarkt

оферта
Anbott
FOR
клиент
Kunn
млечни продукти
Melkprodukten
плодове
Aaft
количка за покупки
Inkoopswagen

BUTCHERS

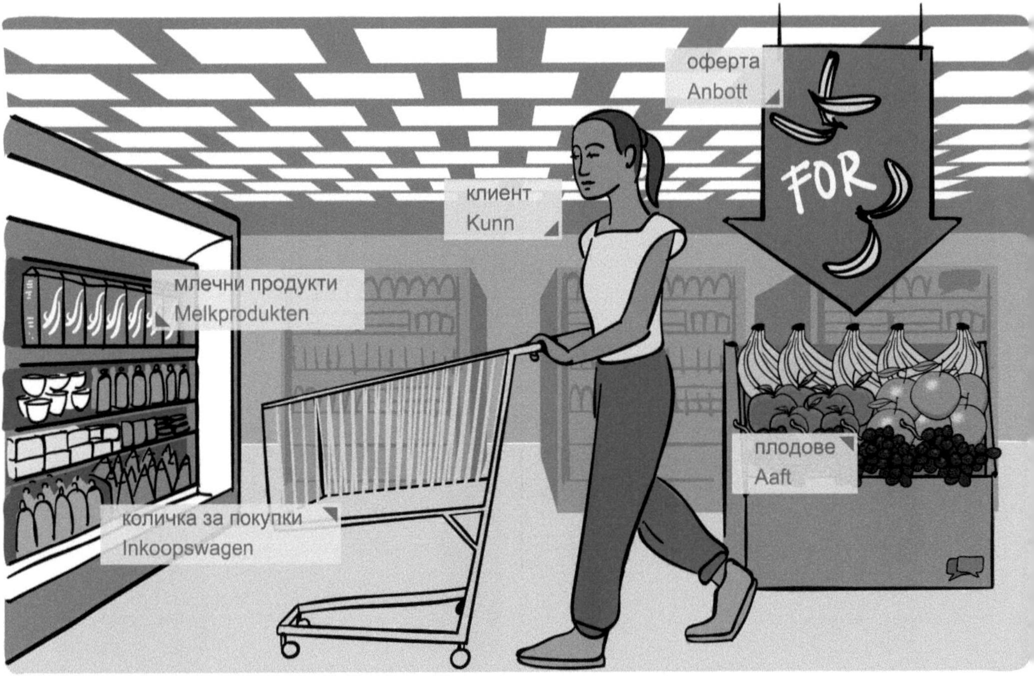

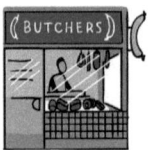

кланица

Slachterie

BAKERY

хлебарница

Bäckerie

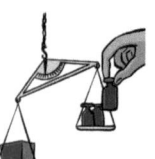

тегля

wegen

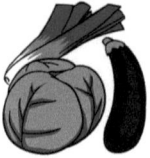

зеленчуци

Gröönsaken

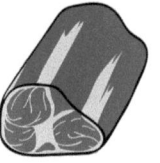

месо

Fleesch

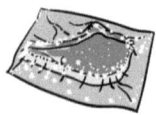

дълбоко замразена храна

Deepköhlkost

нарязан колбас или
сирене
Opsnitt

консерви
Konserven

перилен препарат
Waschmiddel

лакомства
Snoopkraam

домакински изделия
Huushooltssaken

почистващи препарати
Reinmaaktüüch

продавачка
Verköpersche

каса
Kass

касиер
Kasserer

списък на покупките
Inkoopslist

работно време
Opsparrtieden

портфейл
Breeftasch

кредитна карта
Kreditkoort

чанта
Tasch

пластмасова торба
Plastiktüüt

вода

Water

сок

Saft

мляко

Melk

кола

Cola

вино

Wien

бира

Beer

алкохол

Spriet

какао

Kakao

чай

Tee

кафе машина

Koffie

еспресо

Espresso

капучино

Cappucino

банан

Banaan

ябълка

Appel

портокал

Appelsien

пъпеш

Meloon

лимон

Zitroon

морков

Wöttel

чесън

Knuuvlook

бамбук

Bambus

лук

Zibbel

гъба

Poggenstohl

ядки

Nööt

макарони

Nudeln

спагети

Spaghetti

ориз

Ries

салата

Salat

пържени картофи

Pommes frites

печени картофи

Braadkantüffeln

пица

Pizza

хамбургер

Hamborger

сандвич

Sandwich

шницел

Snitzel

шунка

Schinken

траен колбас

Salami

салам

Wust

пиле

Hohn

печено

Braden

риба

Fisch

овесени ядки

Haverflocken

мюсли

Müsli

корнфлейкс

Cornflakes

брашно

Mehl

кроасан

Croissant

хлебчета

Rundstück

хляб

Broot

препечена филийка

Toast

бисквити

Keksen

масло

Botter

извара

Quark

сладкиш

Koken

яйце

Ei

яйца на очи

Spegelei

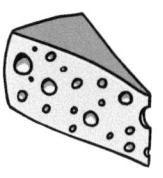

сирене

Kees

сладолед

les

захар

Zucker

мед

Honnig

мармалад

Marmelaad

нуга крем

Nougat-Creme

къри

Curry

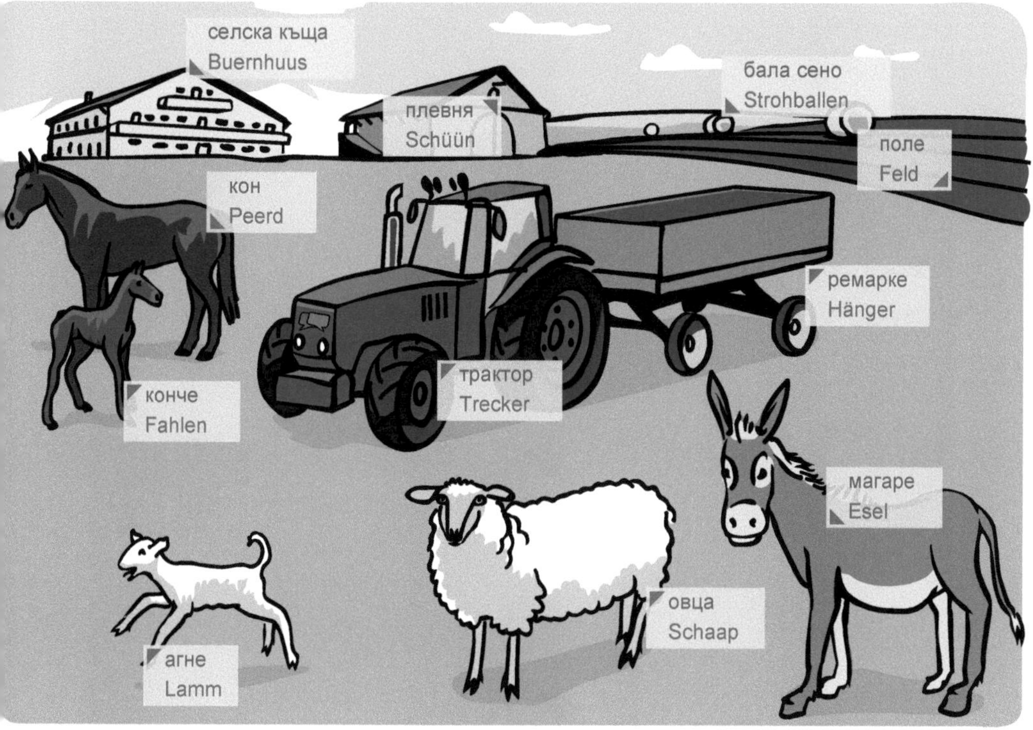

селска къща
Buernhuus

плевня
Schüün

бала сено
Strohballen

поле
Feld

кон
Peerd

ремарке
Hänger

конче
Fahlen

трактор
Trecker

магаре
Esel

овца
Schaap

агне
Lamm

коза
Zeeg

крава
Koh

теле
Kalf

свиня
Swien

прасенце
Farken

бик
Bull

гъска

Goos

патица

Aant

пиленце

Küken

кокошка

Hohn

петел

Hahn

плъх

Rott

котка

Katt

мишка

Muus

вол

Oss

куче

Hund

кучешка колиба

Hunnenhütt

градински маркуч

Goornslauch

лейка

Geetkann

коса

Lee

плуг

Ploog

сърп

Sich

мотика

Hack

вила за тор

Mestfork

брадва

Ext

ръчна количка

Schuufkoor

корито

Trog

съд за мляко

Melkkann

чувал

Sack

ограда

Tuun

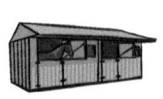

обор

Stall

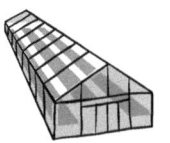

парник

Drievhuus

земя

Bodden

сеитба

Saat

тор

Dünger

комбайн

Meihdöscher

жъна

oornen

реколта

Oorn

ямс

Yamswöttel

жито

Weten

соя

Soja

картоф

Kantüffel

царевица

Törksche Weten

рапица

Rapp

овощно дърво

Aaftboom

маниока

Troopsch Kantüffel

зърнени храни

Koorn

къща
Huus

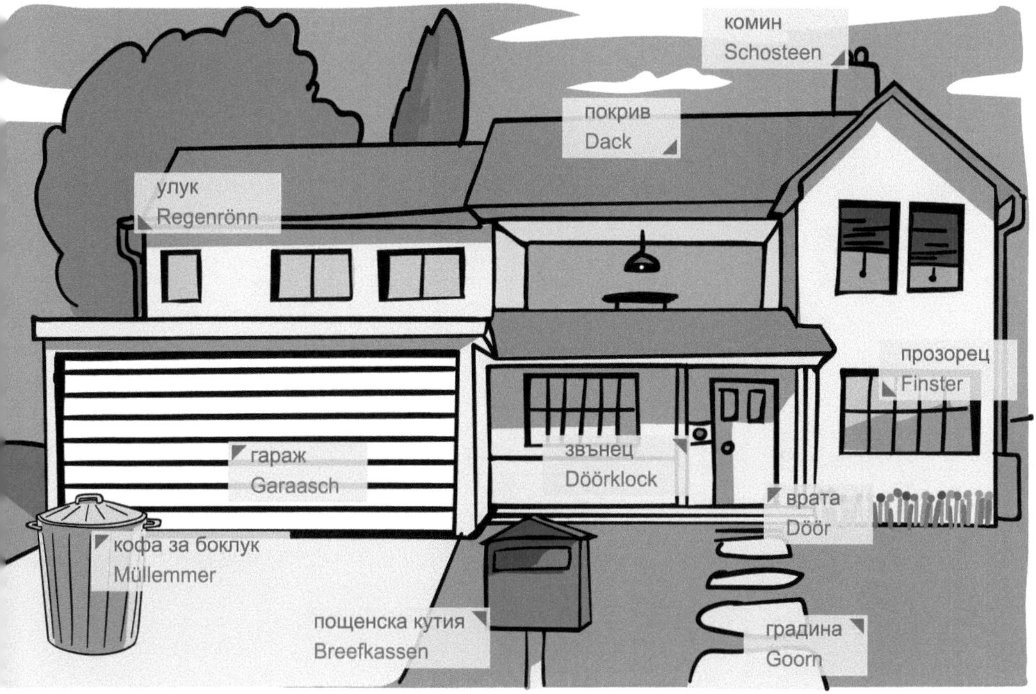
комин
Schosteen
покрив
Dack
улук
Regenrönn
прозорец
Finster
гараж
Garaasch
звънец
Döörklock
врата
Döör
кофа за боклук
Müllemmer
пощенска кутия
Breefkassen
градина
Goorn

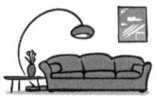

всекидневна

Wahnstuuv

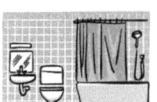

баня

Baadstuuv

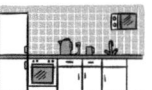

кухня

Köök

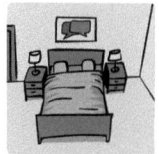

спалня

Slaapstuuv

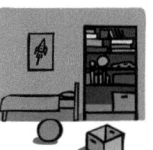

детска стая

Kinnerstuuv

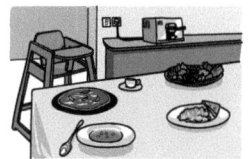

трапезария

Eetstuuv

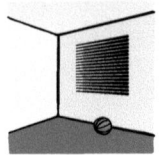

под
Footbodden

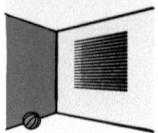

стена
Wand

таван
Deek

изба
Keller

сауна
Hittluftbad

балкон
Balkon

тераса
Terrass

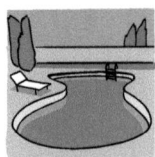

плувен басейн
Swümmbad

косачка
Rasenmeiher

спално бельо
Bettbetog

покривка за легло
Bettdeek

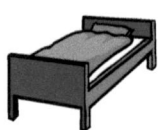

легло
Puuch

метла
Bessen

кофа
Emmer

електрически ключ
Schalter

всекидневна

Wahnstuuv

тапет
Tapeet
картина
Bild
лампа
Lamp
рафт
Regal
шкаф
Schapp
телевизор
Kiekkassen
камина
Kamin
цвете
Bloom
възглавница
Küssen
канапе
Sofa
ваза
Vaas
дистанционно управление
Feernbedenen

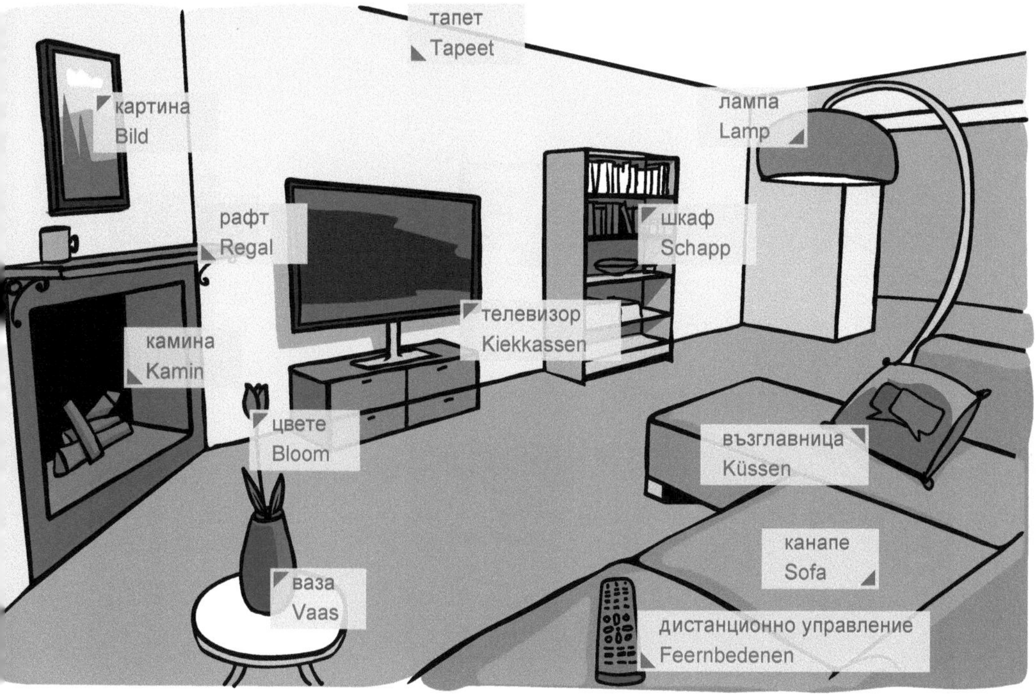

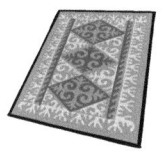

килим

Teppich

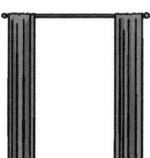

завеса

Vörhang

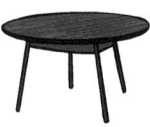

маса

Disch

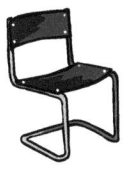

стол

Stohl

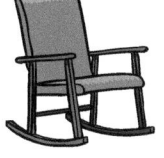

люлеещ се стол

Schuckelstohl

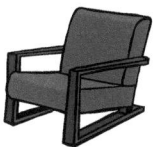

кресло

Sessel

книга

Book

одеяло

Deek

декорация

Dekoratschoon

дърва за отопление

Füerholt

филм

Film

стерео уредба

Stereoanlaag

ключ

Slötel

вестник

Narichtenblatt

живопис

Gemälde

постер

Poster

радио

Radio

бележник

Opschrievblock

прахосмукачка

Huulbessen

кактус

Kaktus

свещ

Kars

кухня
Köök

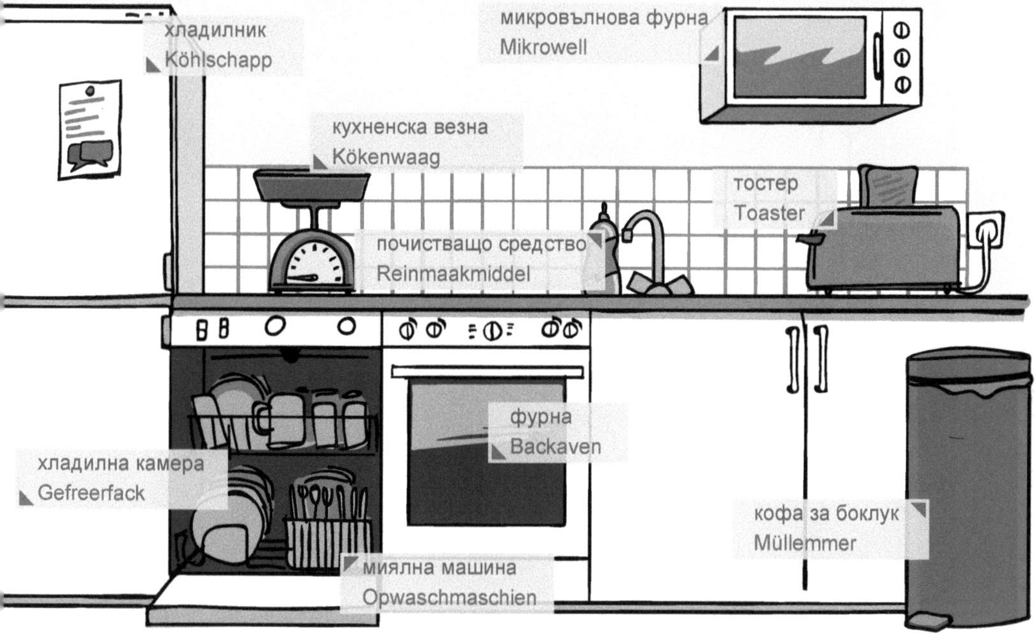
хладилник
Köhlschapp
микровълнова фурна
Mikrowell
кухненска везна
Kökenwaag
тостер
Toaster
почистващо средство
Reinmaakmiddel
фурна
Backaven
хладилна камера
Gefreerfack
кофа за боклук
Müllemmer
миялна машина
Opwaschmaschien

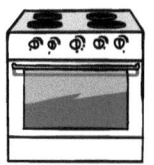

готварска печка
Heerd

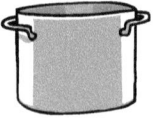

тенджера
Pott

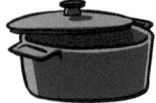

желязна тенджера
Gussiesern Putt

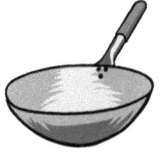

уок / кадаи
Wok / Kadai

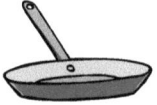

тиган
Pann

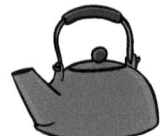

кана за затопляне на вода
Waterkaker

уред за готвене на пара

Dampkaakputt

тава за печене

Backblick

съдове

Geschirr

чаша

Beker

купа

Schaal

клечки за хранене

Eetsticken

черпак

Suppenkell

лопатка за тиган

Pannenwenner

тел за разбиване (на яйца, белтъци)

Sneebessen

кошница за варене

Kaakseef

гевгир

Seef

ренде

Riev

хаван

Mörser

барбекю

Grill

огнище

Füerstell

дъска
Sniedbrett

точилка
Nudelholt

тирбушон
Proppentrecker

кутия
Doos

отварачка за консерви
Dosenaapner

кухненска ръкохватка
Pottlappen

мивка
Waschbecken

четка
Böst

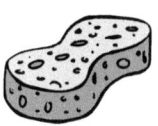

гъба
Swamm

миксер
Mixer

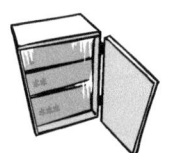

фризер
Iesschapp

бебешко шише
Nuckelbuddel

воден кран
Waterhahn

баня

Baadstuuv

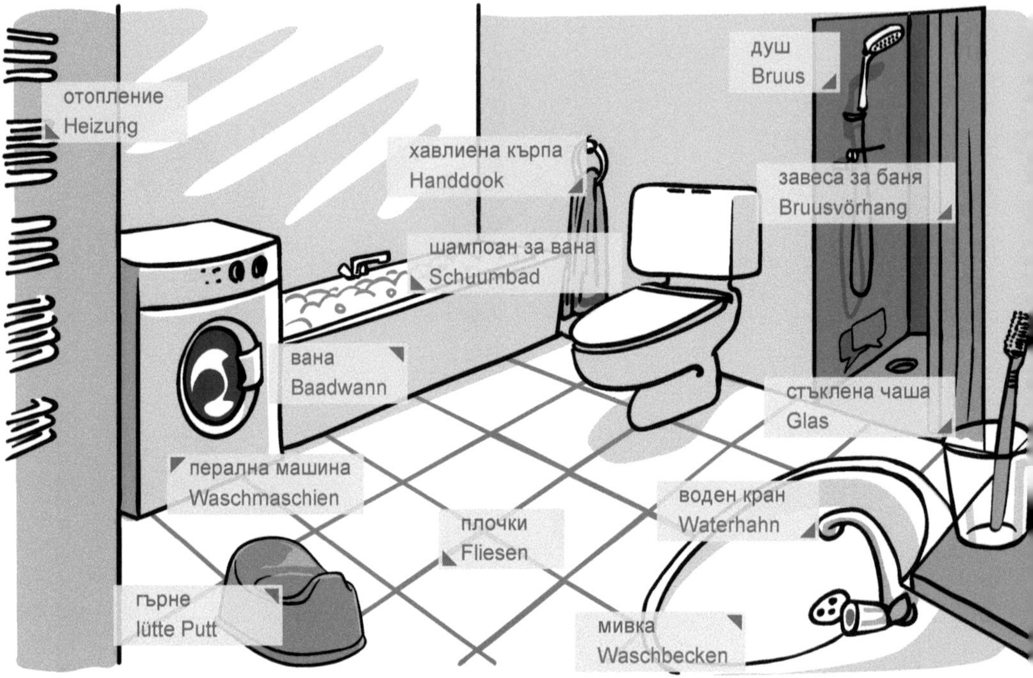

отопление
Heizung
хавлиена кърпа
Handdook
душ
Bruus
завеса за баня
Bruusvörhang
шампоан за вана
Schuumbad
вана
Baadwann
перална машина
Waschmaschien
плочки
Fliesen
воден кран
Waterhahn
стъклена чаша
Glas
гърне
lütte Putt
мивка
Waschbecken

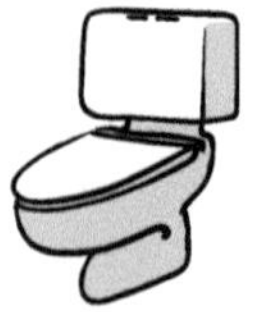

тоалетна

Tante Meier

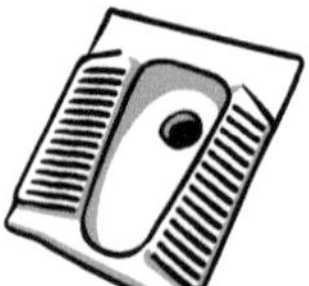

клекало

Hockklo

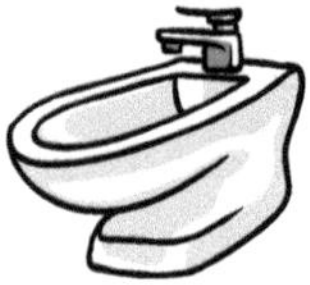

биде

Bidet

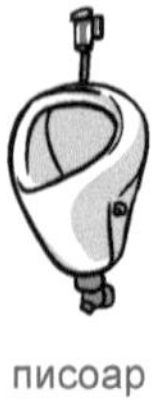

писоар

Miegbecken

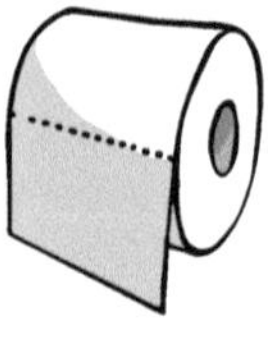

тоалетна хартия

Klopapeer

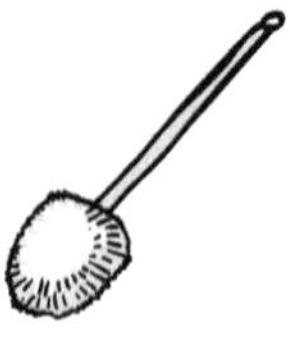

четка за тоалетна

Kloböst

четка за зъби

Tähnböst

паста за зъби

Tähnpast

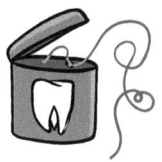

конец за зъби

Tähnsied

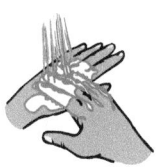

мия

waschen

ръчен душ

Handbruus

интимен душ

Intimbruus

леген

Waschschöttel

четка за гръб

Rüchböst

сапун

Seep

душ гел

Bruusgeel

шампоан за вана

Hoorwaschmiddel

гъба за баня

Waschlappen

сифон

Afloop

крем

Creme

дезодорант

Deodorant

огледало

Spegel

козметично огледало

Kosmetikspegel

ръчна самобръсначка

Raserer

пяна за бръснене

Raseerschuum

одеколон за след
бръснене
Raseerwater

гребен

Kamm

четка

Böst

сешоар

Hoordröger

спрей за коса

Hoorspray

грим

Smink

червило

Lippensticken

лак за нокти

Nagellack

памук

Watt

ножица за нокти

Nagelscheer

парфюм

Rüükwater

толетна чантичка

Kulturbüdel

табуретка

Schemel

везна

Waag

хавлия

Baadmantel

домакински ръкавици

Gummihanschen

тампон

Tampon

дамски превръзки

Damenbinn

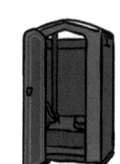

химическа тоалетна

Chemieklo

детска стая
Kinnerstuuv

будилник
Wecker
плюшена играчка
Knudeldeert
автомобил играчка
Speeltüüchauto
дрънкалка
Klöter
къща за кукли
Poppenhuus
подарък
Geschenk

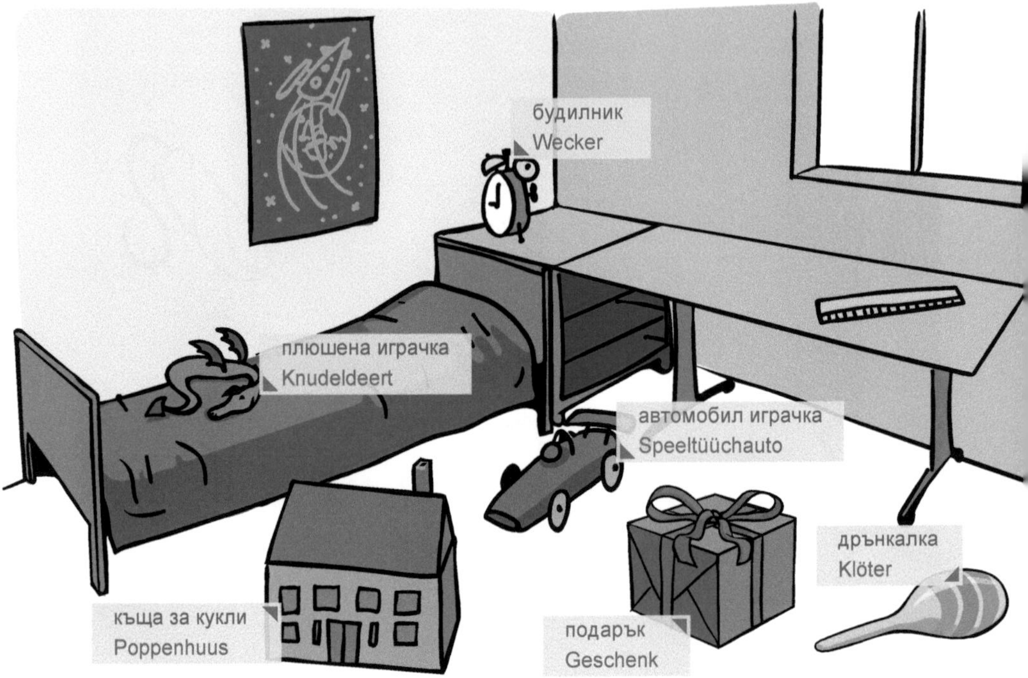

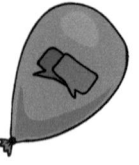

балон

Luftballon

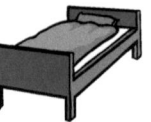

легло

Puuch

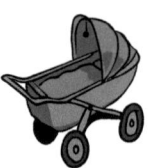

детска количка

Kinnerwagen

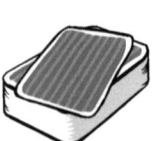

игра на карти

Koortenspeel

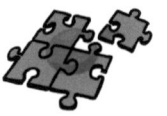

пъзел

Puzzle

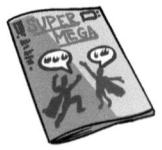

комикс

Billergeschicht

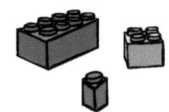

лего елементи

Legostenen

строителни елементи

Bustenen

екшън фигурка

Action-Figur

бебешки гащеризон

Strampelantog

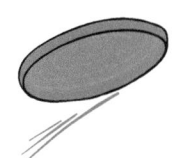

фрисби

Frisbeeschiev

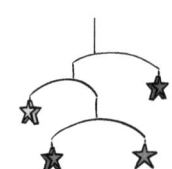

бебешки играчки за легло

Mobile

настолна игра

Brettspeel

зарче

Wörpel

миниатюрно влакче

Modelliesenbahn

биберон

Snuller

парти

Party

детска книга с илюстрации

Billerbook

топка

Ball

кукла

Popp

играя

spelen

пясъчник

Sandkassen

люлка

Schuckel

играчка

Speeltüüch

игрова конзола

Speelkonsool

велосипед с три колелета

Dreerad

плюшено мече

Teddyboor

гардероб

Klederschapp

облекло
Tüüch

къси чорапи

Socken

дълги чорапи

Strümp

чорапогащник

Strumpbüx

шал
Halsdook

колан
Liefreem

чадър
Paraplü

Т-шърт
T-Shirt

ботуши
Stevel

пантофи
Puuschen

гуменки
Turnschoh

сандали
Sandalen

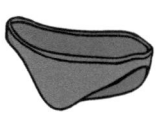
обувки
Schoh

гумени ботуши
Gummistevel

слип
Ünnerbüx

сутиен
Bostholler

долна блуза
Ünnerhemd

боди

Lief

панталон

Büx

дънки

Jeansnüx

пола

Rock

блуза

Bluus

риза

Hemd

пуловер

Pullover

суичър

Kapuzenpullover

блейзър

Blazer

яке

Jack

палто

Mantel

дъждобран

Övertrecker

костюм

Kostüm

рокля

Kleed

булчинска рокля

Hochtietskleed

костюм

Antog

нощница

Nachtkleed

пижама

Slaapantog

сари

Sari

кърпа за глава

Koppdook

тюрбан

Turban

бурка

Burka

кафтан

Kaftan

абая

Abaya

бански костюм

Baadantog

плувни шорти

Baadbüx

къс панталон

Korte Büx

анцуг

Antog to'n Öven

престилка

Schört

ръкавици

Handschoh

копче

Knopp

очила

Brill

гривна

Armband

верижка

Halskeed

пръстен

Ring

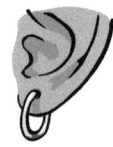

обеца

Ohrbummel

каскет

Mütz

закачалка

Klederbögel

шапка

Hoot

вратовръзка

Binner

цип

Rietslüter

каска

Helm

тиранти

Drachtband

ученическа униформа

Schooluniform

униформа

Uniform

лигавник
Severböten

биберон
Snuller

пелена
Winnel

офис
Büro

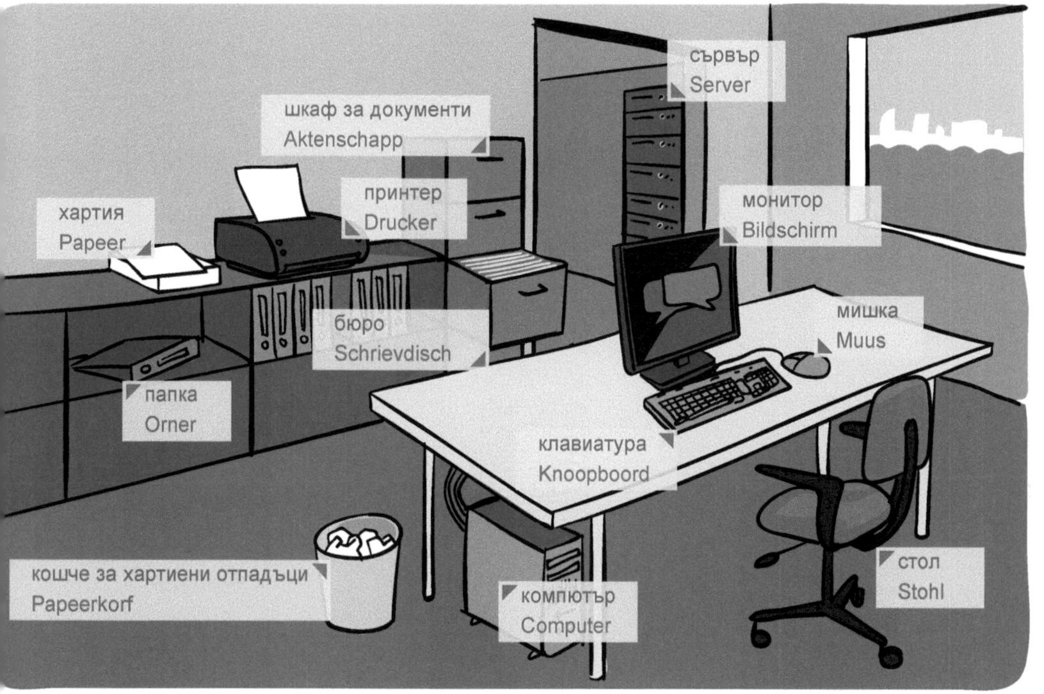

Büro

сървър
Server

шкаф за документи
Aktenschapp

принтер
Drucker

хартия
Papeer

монитор
Bildschirm

бюро
Schrievdisch

мишка
Muus

папка
Orner

клавиатура
Knoopboord

кошче за хартиени отпадъци
Papeerkorf

стол
Stohl

компютър
Computer

чаша за кафе
Koffiebeker

джобен калкулатор
Taschenreekner

интернет
Internet

лаптоп

Klappreekner

писмо

Breef

съобщение

Naricht

мобилен телефон

Ackersnacker

мрежа

Nettwark

ксерокс

Kopeerapparat

софтуер

Software

телефон

Klöönkassen

контакт

Steekdoos

факс

Faxapparat

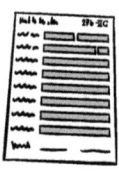

формуляр

Formulor

документ

Dokument

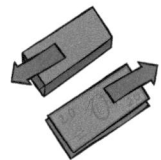

купувам

köpen

плащам

betahlen

търгувам

hanneln

пари

Geld

долар

Dollar

евро

Euro

йена

Yen

рубла

Ruvel

швейцарски франк

Swiezer Franken

ренминби юан

Renminbi Yuan

рупия

Rupie

банкомат

Geldautomat

обменно бюро

Wesselstuuv

злато

Gold

сребро

Sülver

нефт

Ööl

енергия

Energie

цена

Pries

договор

Verdrag

данък

Stüer

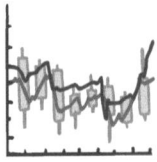

акция

Andeelschien

работя

arbeiden

служител

Anstellte

работодател

Arbeitgever

фабрика

Fabrik

магазин за цветя

Hökerie

професии
Profeschonen

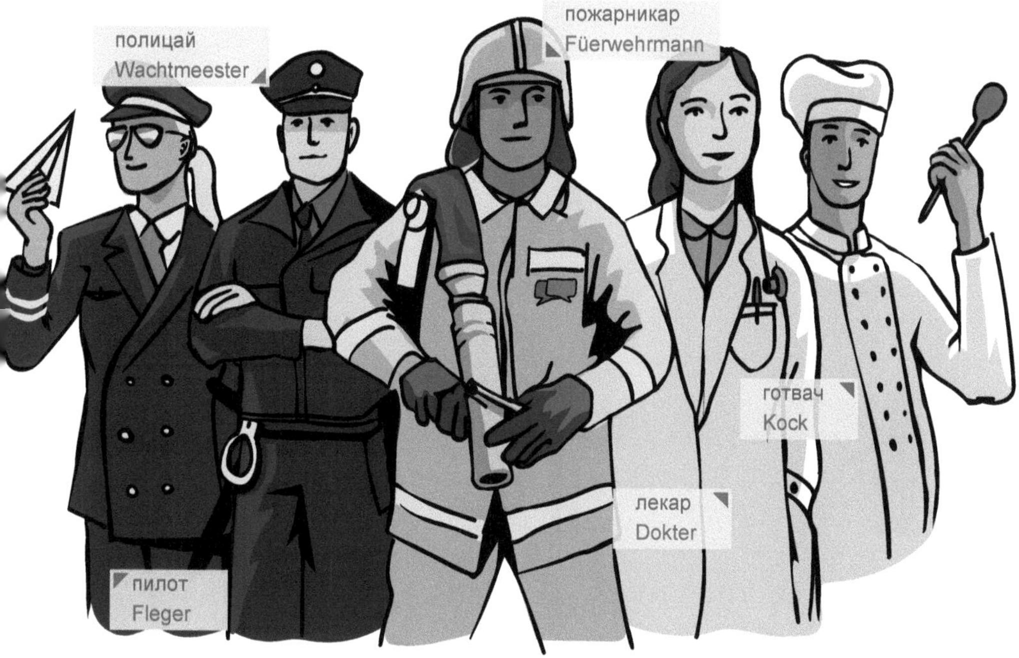
полицай
Wachtmeester
пожарникар
Füerwehrmann
готвач
Kock
лекар
Dokter
пилот
Fleger

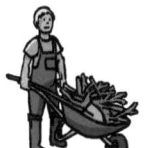

градинар

Goorner

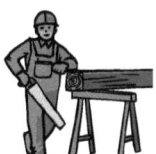

мебелист

Discher

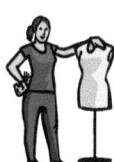

шивачка

Neihersche

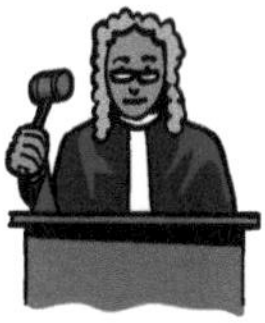

съдия

Richter

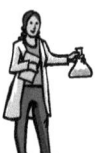

химик

Chemiker

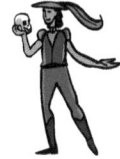

артист

Schauspeler

шофьор на автобус

Busfohrer

шофьор на такси

Taxifohrer

рибар

Fischer

чистачка

Reinmaakfru

майстор на покриви

Dackdecker

келнер

Kellner

ловец

Jäger

художник

Maler

хлебар

Bäcker

електротехник

Elektriker

строителен работник

Buarbeider

инженер

Ingenieur

касапин

Slachter

тенекеджия

Klempner

пощальон

Postbüdel

войник

Suldat

архитект

Architekt

касиер

Kasserer

цветар

Florist

фризьор

Putzbüdel

кондуктор

Schaffner

механик

Mechaniker

капитан

Kaptein

зъболекар

Tähndokter

научен работник

Wetenschopler

равин

Rabbi

имàм

Imam

монах

Mönk

свещеник

Paap

инструменти
Warktüüch

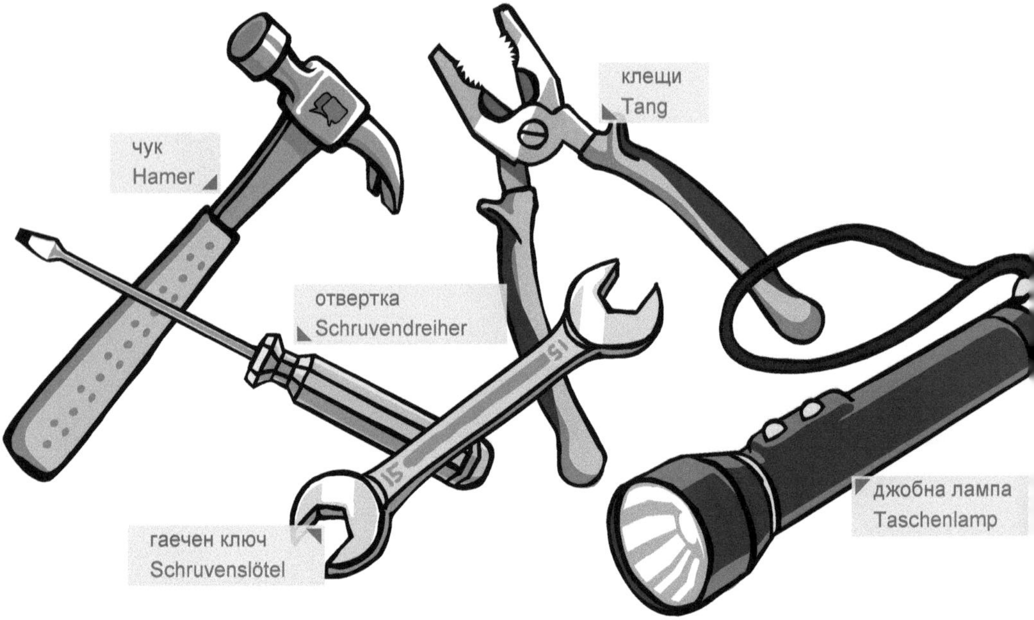

клещи
Tang
чук
Hamer
отвертка
Schruvendreiher
гаечен ключ
Schruvenslötel
джобна лампа
Taschenlamp

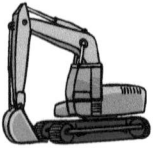

багер

Grieper

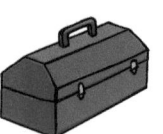

кутия за инструменти

Warktüüchkassen

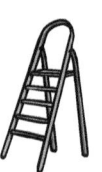

стълба

Ledder

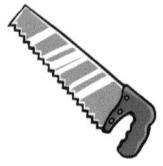

трион

Saag

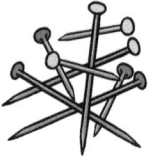

пирони

Nagels

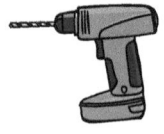

бормашина

Bohrer

ремонтирам

heelmaken

лопата

Schüffel

По дяволите!

Schiet!

лопатка за смет

Kehrblick

кутия за боя

Farvpott

болтове

Schruven

музикални инструменти
Musikinstrumenten

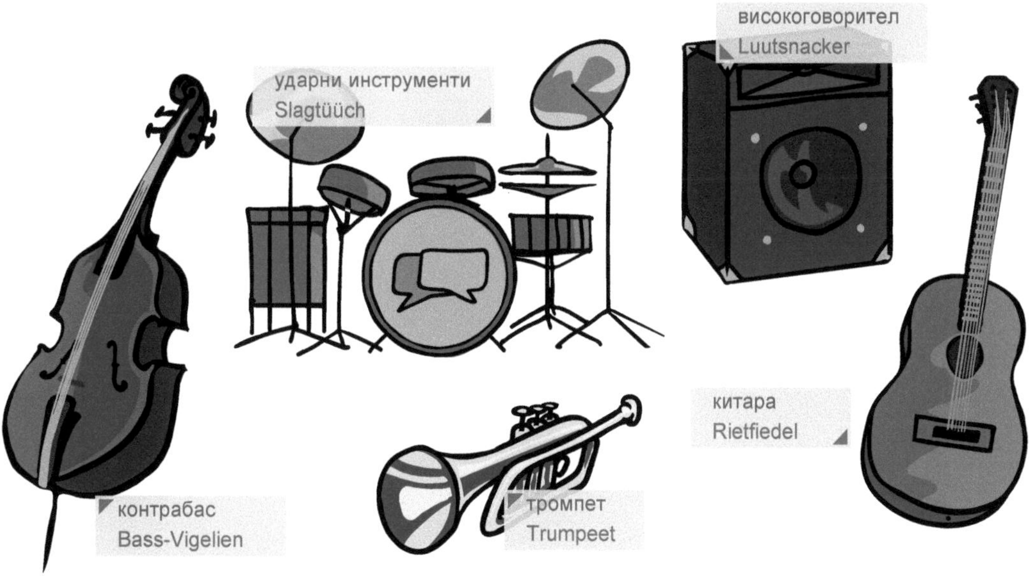

високоговорител
Luutsnacker

ударни инструменти
Slagtüüch

контрабас
Bass-Vigelien

тромпет
Trumpeet

китара
Rietfiedel

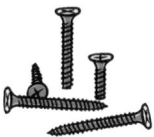

пиано

Klaveer

виолина

Vigelien

контрабас

Bass

тимпан

Pauk

барабан

Trummeln

електреческо пиано

Keyboard

саксофон

Saxophon

флейта

Fleut

микрофон

Mikrofoon

зоологическа градина

Deertenpark

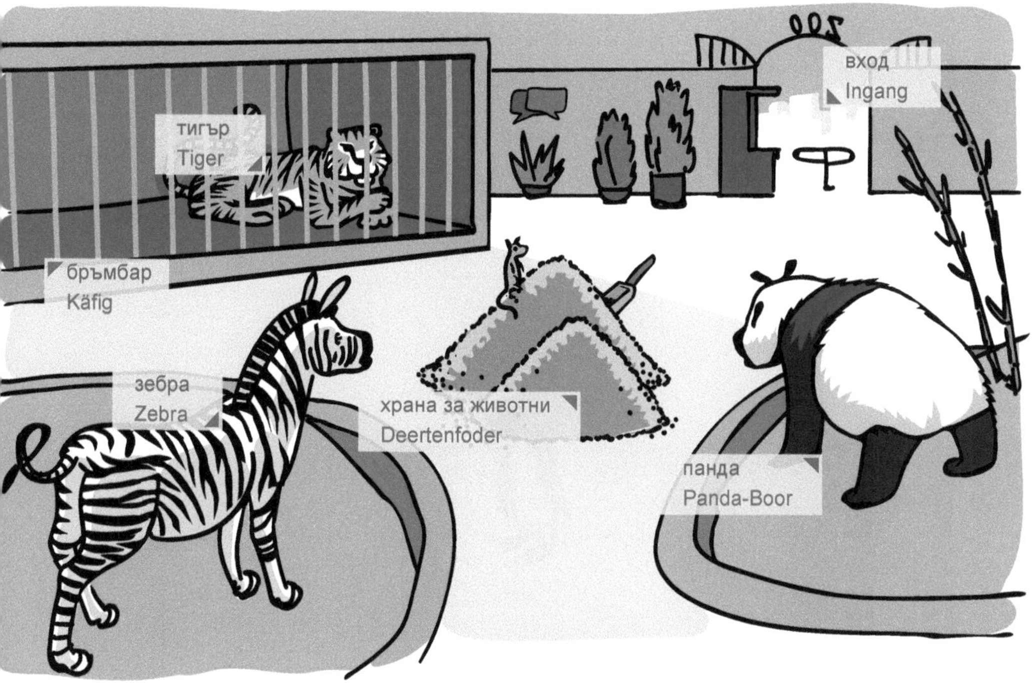

вход
Ingang
тигър
Tiger
бръмбар
Käfig
зебра
Zebra
храна за животни
Deertenfoder
панда
Panda-Boor

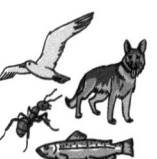

животни

Deerten

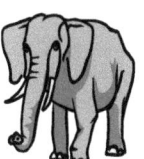

слон

Elefant

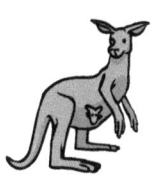

кенгуру

Känguru

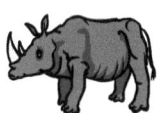

носорог

Neeshoorn

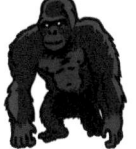

горила

Gorilla

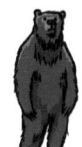

мечка

Boor

камила

Kameel

щраус

Struuß

лъв

Lööv

маймуна

Aap

фламинго

Flamingo

папагал

Papagoi

бяла мечка

Iesboor

пингвин

Pinguin

акула

Haifisch

паун

Pageluun

змия

Slang

крокодил

Krokodil

пазач в зоологическа
градина

Oppasser in'n Deertenpark

тюлен

Saalhund

ягуар

Jaguor

пони

Pony

леопард

Leopard

хипопотам

Nilpeerd

жираф

Giraff

орел

Aadler

диво прасе

Wildswien

риба

Fisch

костенурка

Schildkrööt

морж

Walross

лисица

Voss

газела

Gazell

американски футбол
Amerikaansch Football

колоездене
Radfohren

тенис
Tennis

баскетбол
Korfball

плуване
Swümmen

бокс
Boxen

хокей на лед
Ieshockey

футбол
Football

бадминтон
Fedderball

лека атлетика
Leichtathletik

хандбал
Handball

ски бягане
Skilopen

поло
Polo

дейности
Aktivitäten

скачам
springen
прегръщам
ümarmen
смея се
lachen
вървя
gahn
пея
singen
сънувам
drömen
моля се
beden
целувам
snuteln

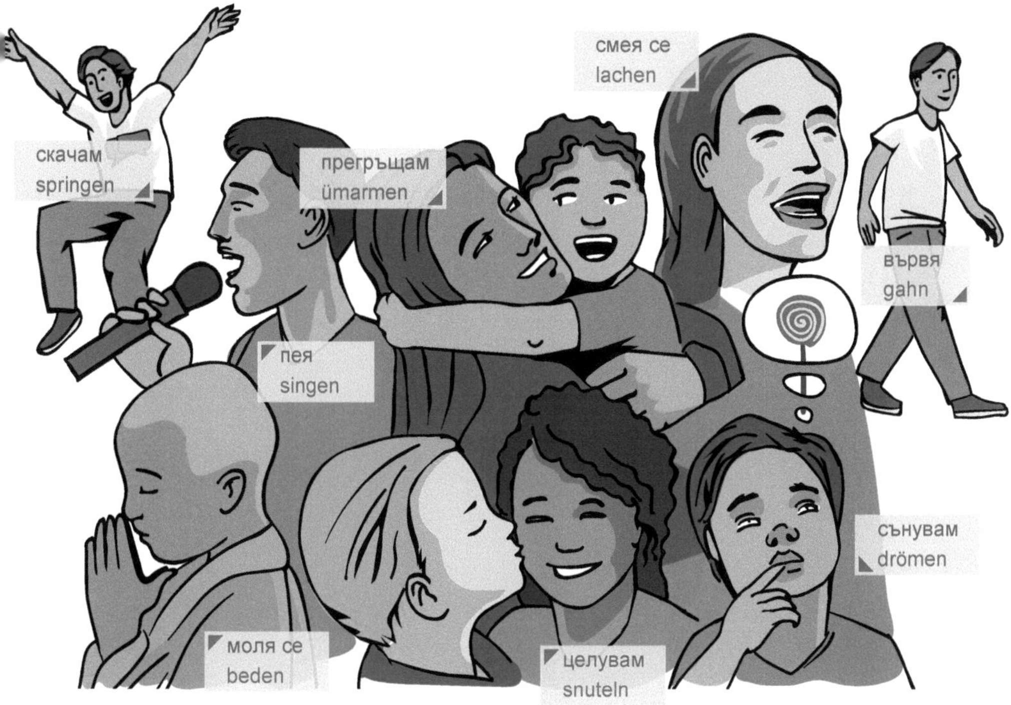

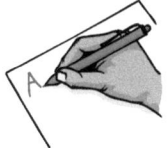

пиша
schrieven

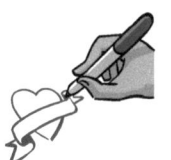

рисувам
teken

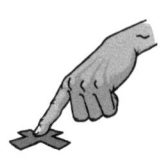

показвам
wiesen

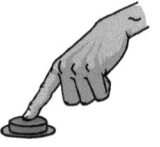

бутам
drücken

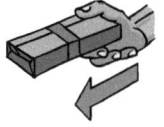

давам
geven

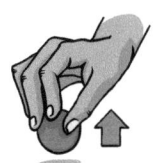

взимам
nehmen

имам

hebben

правя

doon

съм

sien

стоя

stahn

тичам

lopen

дърпам

trecken

хвърлям

smieten

падам

fallen

лежа

liggen

чакам

töven

нося

dregen

седя

sitten

обличам

antrecken

спя

slapen

събуждам се

opwaken

разглеждам

ankieken

плача

wenen

милвам

eien

реша се

kämmen

говоря

snacken

разбирам

verstahn

питам

fragen

слушам

hören

пия

drinken

ям

eten

разтребвам

oprümen

обичам

leefhebben

готвя

kaken

карам автомобил

fohren

летя

flegen

плавам (с платна)

segeln

смятане

reken

чета

lesen

уча

lehren

работя

arbeiden

женя се

de Plünnen tohoopsmieten

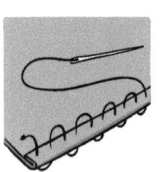

шия

neihen

измивам си зъбите

Tähnen putzen

убивам

dootmaken

пуша

smöken

изпращам

schicken

баба
Grootmoder

дядо
Grootvadder

баща
Vadder

майка
Moder

бебе
Winnelkind

дъщеря
Dochter

син
Söhn

посетител

Gast

леля

Tant

чичо

Unkel

брат

Broder

сестра

Süster

тяло
Lief

чело
Vörkopp
око
Oog
рамо
Schuller
пръст
Finger
лице
Gesicht
брадичка
Kinn
ръка
Hand
гърди
Bost
крак
Been
ръка
Arm

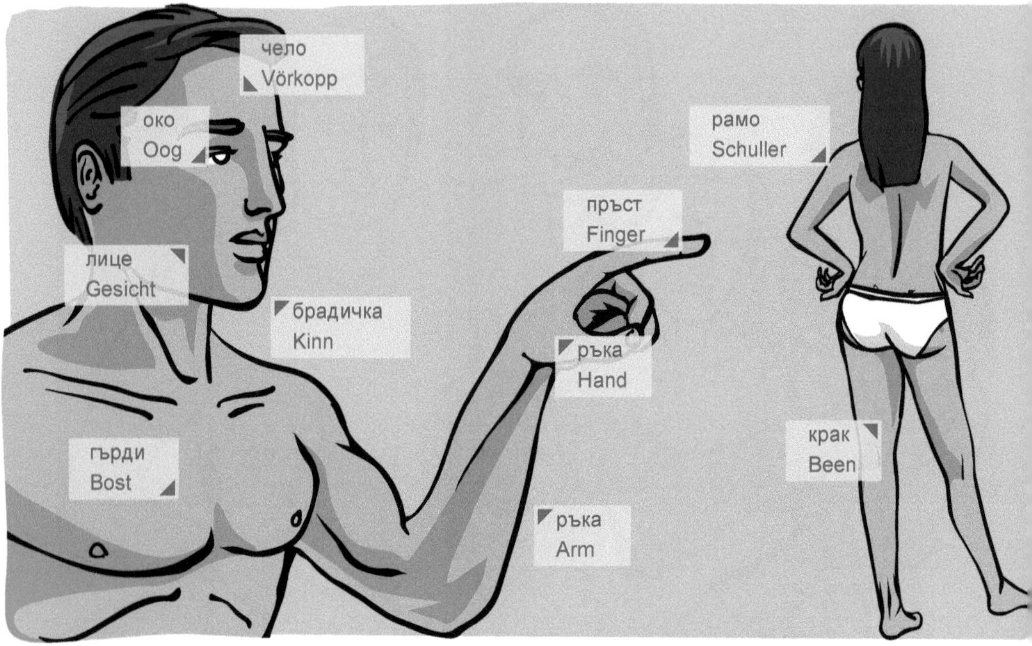

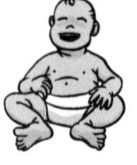

бебе
Winnelkind

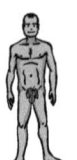

мъж
Mann

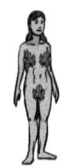

жена
Fro

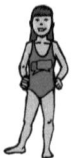

момиче
Deern

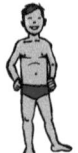

момче
Jung

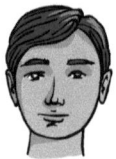

глава
Arm

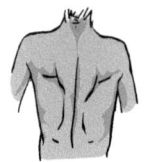

гръб

Rüch

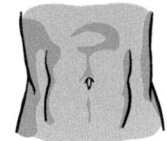

корем

Buuk

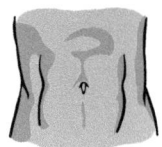

пъп

Navel

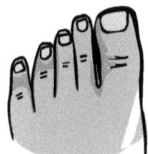

пръст на крака

Teh

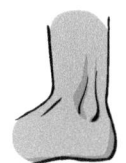

пета

Hack

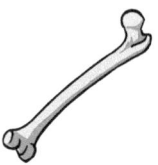

кост

Knaken

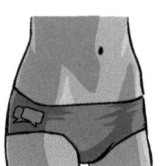

хълбок

Hüft

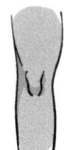

коляно

Knee

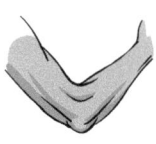

лакът

Ellbagen

нос

Nees

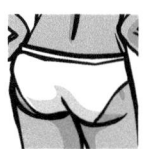

седалище

Achtersen

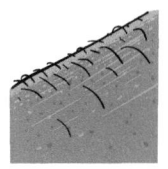

кожа

Huut

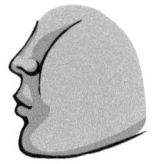

буза

Back

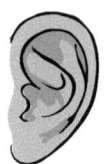

ухо

Ohr

устна

Lipp

тяло - Lief

уста

Mund

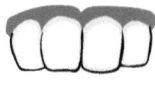

зъб

Tähn

език

Tung

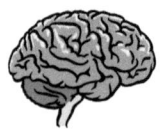

мозък

Bregen

сърце

Hart

мускул

Muskel

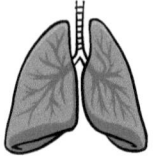

бял дроб

Lung

черен дроб

Lever

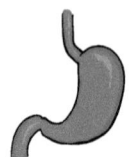

стомах

Maag

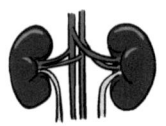

бъбреци

Neren

полово сношение

Bislaap

кондом

Kondoom

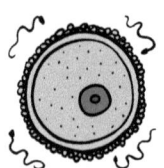

яйцеклетка

Eizell

сперма

Sperma

бременност

Anner Ümstänn

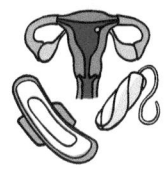

менструация
....
Menstruatschoon

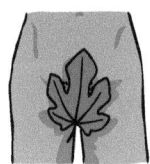

вагина
....
Scheed

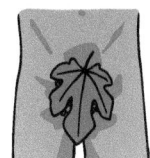

пенис
....
Pint

вежда
....
Ogenbroe

коса
....
Hoor

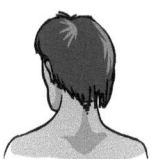

шия
....
Hals

болница
Krankenhuus

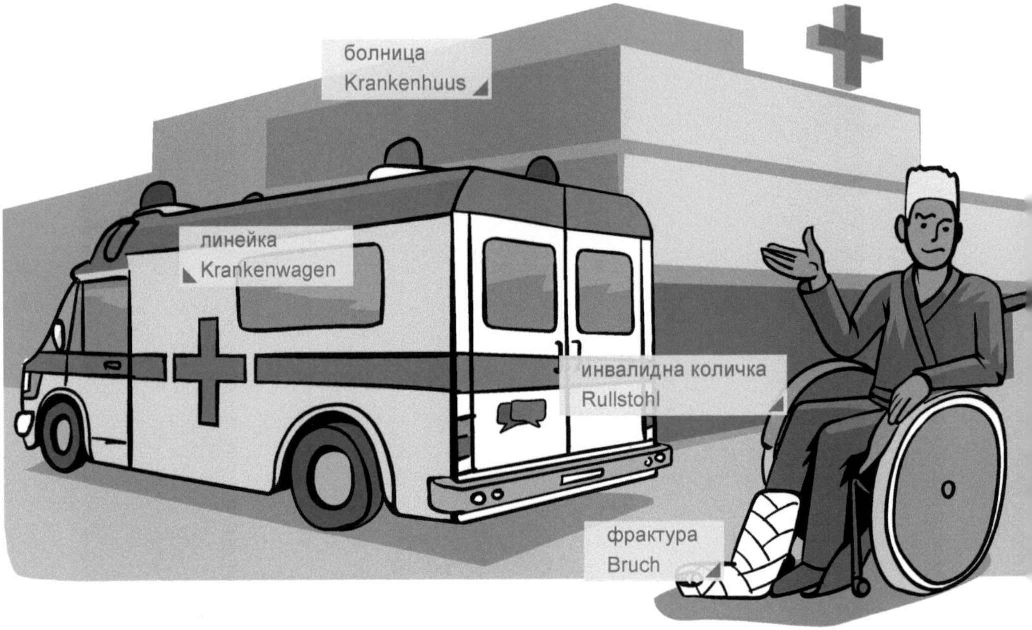

болница
Krankenhuus
линейка
Krankenwagen
инвалидна количка
Rullstohl
фрактура
Bruch

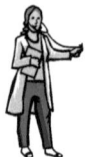

лекар

Dokter

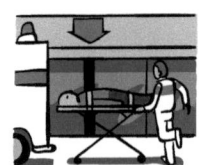

спешна хоспитализация

Nootopnahm

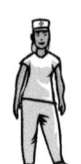

медицинска сестра

Krankensüster

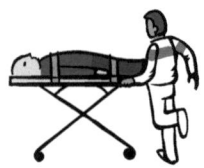

спешен случай

Nootfall

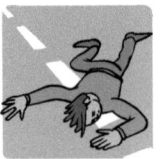

в безсъзнание

ahnmächtig

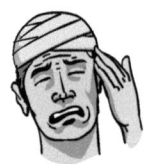

болка

Wehdaag

нараняване

Verwunnen

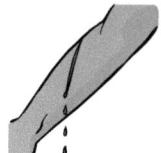

кървене

Blöden

инфаркт

Hartinfarkt

инсулт

Slaganfall

алергия

Allergie

кашлица

Hoosten

температура

Fever

грип

Gripp

диария

Dörchfall

главоболие

Koppwehdaag

рак

Kreeft

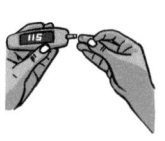

диабет

Zuckersüük

хирург

Chirurg

скалпел

Chirurgsch Mess

операция

Operatschoon

компютърна томография
CT

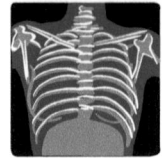

рентген
Dörchlüchten

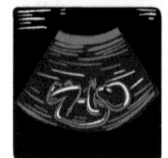

ултразвук
Ultraschall

маска
Mask

болест
Krankheit

чакалня
Töövruum

патерица
Krück

пластир
Plaaster

превръзка
Verband

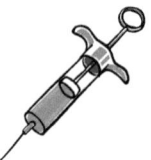

инжекция
Insprütten

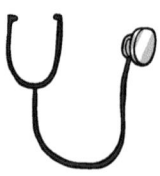

стетоскоп
Stethoskop

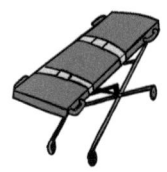

носилка
Draag

термометър
Feverthermometer

раждане
Geboort

наднормено тегло
Övergewicht

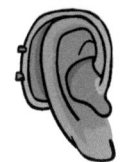

слухов апарат

Höörapparat

дезинфекционно средство

Kiemfriemiddel

инфекция

Ansteken

вирус

Virus

HIV / AIDS

HIV / AIDS

медицина

Heelmiddel

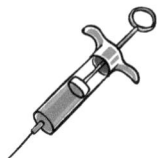

ваксинация

Impen

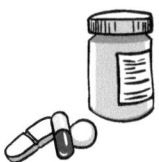

таблети

Tabletten

противозачатъчна таблетка
Pill

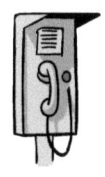

спешно телефонно обаждане
Nootroop

апарат за измерване на кръвното налягане

Blootdruck-Meter

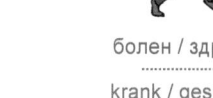

болен / здрав

krank / gesund

Помощ!

Hölp!

сигнал за тревога

Alarm

нападение

Överfall

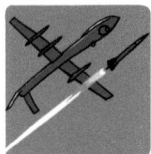

атака

Angreep

опасност

Gefohr

авар机ен изход

Nootutgang

Пожар!

Füer!

пожарогасител

Füerlöscher

злополука

Unfall

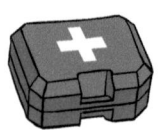

комплект за оказване на
първа помощ

Noothölpkoffer

SOS

SOS

полиция

Polizei

Европа

Europa

Северна Америка

Noordamerika

Южна Америка

Süüdamerika

Африка

Afrika

Азия

Asien

Австралия

Australien

Атлантически океан

Atlantik

Тихи океан

Pazifik

Индийски океан

Indisch Weltmeer

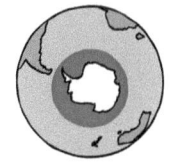

Южен ледовит океан

Antarktisch Weltmeer

Северен ледовит океан

Arktisch Weltmeer

Северен полюс

Noordpol

Южен полюс

Süüdpol

Антарктида

Antarktis

Земя

Eerd

суша

Land

море

See

остров

Eiland

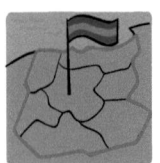

нация

Natschoon

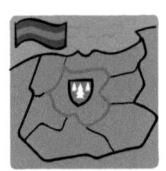

държава

Staat

циферблат

Tallenblatt

стрелка на часовете

Stunnenwieser

стрелка на минутите

Minutenwieser

стрелка на секундите

Sekunnenwieser

Колко е часът?

Wo laat is dat?

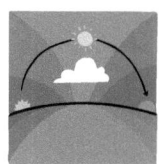

ден

Dag

време

Tiet

сега

nu

дигитален часовник

digetaalsch Klock

минута

Minuut

час

Stunn

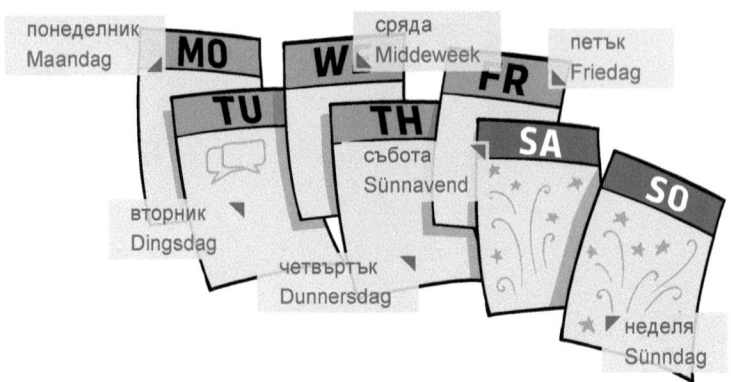

понеделник
Maandag

сряда
Middeweek

петък
Friedag

вторник
Dingsdag

четвъртък
Dunnersdag

събота
Sünnavend

неделя
Sünndag

вчера

güstern

днес

hüüt

утре

morgen

сутрин

Morgen

обед

Meddag

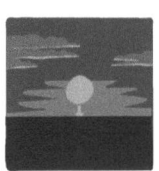

вечер

Avend

работни дни

Arbeitsdaag

уикенд

Wekenenn

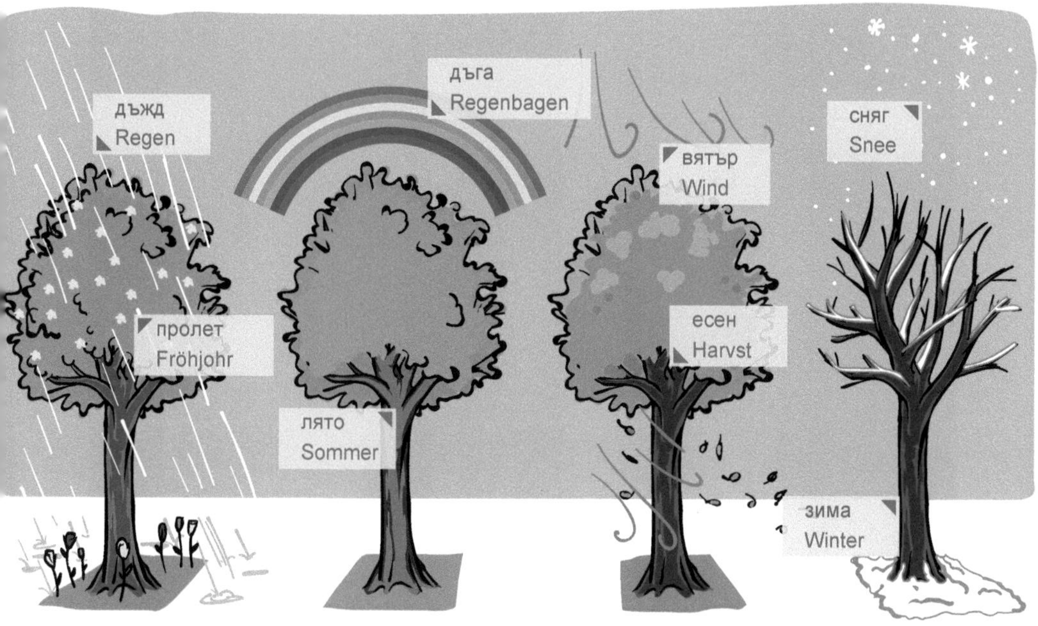

дъжд
Regen
дъга
Regenbagen
вятър
Wind
сняг
Snee
пролет
Fröhjohr
есен
Harvst
лято
Sommer
зима
Winter

4.APRIL 11°
5.APRIL 4°
6.APRIL 13°
7.APRIL 8°
8.APRIL 10°

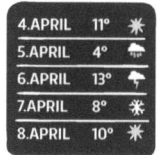

прогноза за времето

Wedervörhersaag

F C
120 90 60 30 0 -30
40 30 20 10 0 -10 -20

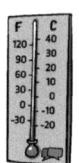

термометър

Thermometer

слънчева светлина

Sünnenschien

облак

Wulk

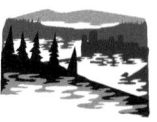

мъгла

Nevel

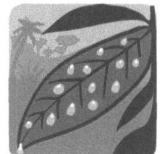

влажност на въздуха

Luftfuchtigkeit

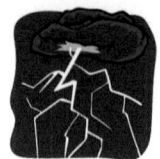

светкавица

Blitz

гръмотевица

Dunner

буря

Storm

градушка

Hagel

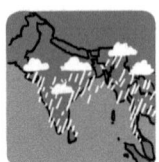

мусон

Monsun

наводнение

Floot

лед

Ies

януари

Januormaand

февруари

Februormaand

март

Martmaand

април

Aprilmaand

май

Maimaand

юни

Junimaand

юли

Julimaand

август

Augustmaand

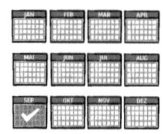

септември

Septembermaand

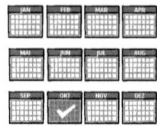

октомври

Oktobermaand

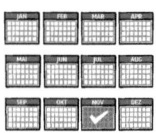

ноември

Novembermaand

декември

Dezembermaand

форми
Formen

кръг

Krink

квадрат

Quadrat

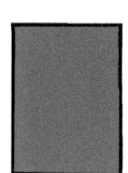

четириъгълник

Rechteck

триъгълник

Dreeeck

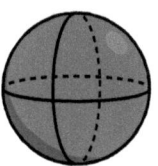

сфера

Kugel

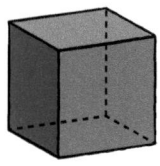

куб

Wörpel

бял

witt

жълт

geel

оранжев

orangsch

розов

pink

червен

root

лилав

lila

син

blau

зелен

gröön

кафяв

bruun

сив

gries

черен

swart

много / малко

veel / wenig

ядосан / спокоен

böös / verdreeglich

красив / грозен

smuck / mies

начало / край

Begünn / Enn

голям / малък

groot / lütt

светъл / тъмен

hell / düüster

брат / сестра

Broder / Süster

чист / мръсен

schier / schietig

пълен / непълен

kumpleet / nich kumpleet

ден / нощ

Dag / Nacht

мъртъв / жив

doot / lebennig

широк / тесен

breet / small

ядлив / неядлив

geneetbor / nich geneetbor

сърдит / любезен

böös / fründlich

развълнуван / скучаещ

fickerig / langwielt

дебел / тънък

dick / dünn

най-напред / най-накрая

toeerst / toletzt

приятел / враг

Fründ / Fiend

пълен / празен

vull / leddig

твърд / мек

hart / week

тежък / лек

swoor / licht

глад / жажда

Smacht / Döst

болен / здрав

krank / gesund

нелегален / легален

nich na't Recht / na't Recht

интелигентен / глупав

klook / dummerhaftig

ляво / дясно

linkerhand / rechterhand

близо / далече

neeg / feern

нов / употребяван

nieg / bruukt

нищо / нещо

nix / wat

стар / млад

oolt / jung

вкл. / изкл.

an / ut

отворен / затворен

apen / slaten

тих / силен (звук)

lies / luut

богат / беден

riek / arm

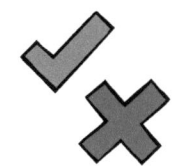

правилен / погрешен

richtig / verkehrt

грапав / гладък

ruug / glatt

тъжен / щастлив

trurig / glücklich

дълъг / къс

kort / lang

бавен / бърз

suutje / flink

мокър / сух

natt / dröög

топъл / студен

warm / köhl

война / мир

Krieg / Freden

0

нула

null

1

едно

een

2

две

twee

3

три

dree

4

четири

veer

5

пет

fief

6

шест

söss

7

седем

söven

8

осем

acht

9

девет

negen

10

десет

teihn

11

единадесет

ölven

12
дванадесет

twölf

13
тринадесет

dörteihn

14
четиринадесет

veerteihn

15
петнадесет

föffteihn

16
шестнадесет

sössteihn

17
седемнадесет

söventeihn

18
осемнадесет

achtteihn

19
деветнадесет

negenteihn

20
двадесет

twintig

100
сто

hunnert

1.000
хиляда

dusend

1.000.000
милион

million

английски

Engelsch

американски английски

Amerikaansch Engelsch

китайски мандарин

Chineesch Mandarin

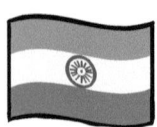

хинди

Hindi

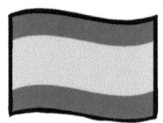

испански

Spaansch

френски

Franzöösch

арабски

Araabsch

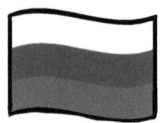

руски

Rusch

португалски

Portugiesch

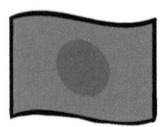

бенгалски

Bengaalsch

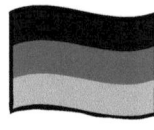

немски

Düütsch

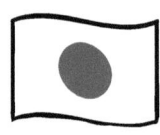

японски

Japaansch

аз

ik

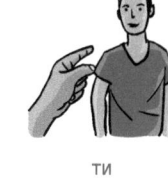

ти

du

той / тя / то

he / se / dat

ние

wi

вие

ji

те

se

кой?

keen?

какво?

wat?

как?

woans?

къде?

woneem?

кога?

wannehr?

име

Naam

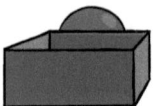

зад

achter

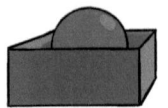

в

in

пред

vör

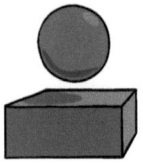

над

över

върху

op

под

ünner

до

blangen

между

twüschen

място

Oort